＊감수인

이 책은 인류가 발달하는 과정과 세계의 운동 전체를 거시적이고 넓은 시각에서 체계적으로 보여주고 있다. 서로 다르고 복잡해 보이는 사건들이 하나의 맥락을 갖고 연결되어 있다는 사실과 의미를 이야기 형식으로 서술하여 쉽게 파악할 수 있다. 학습효과를 위하여 단계적으로 이해해가는 형식을 취했고, 단원마다 요점들을 정리하여 서술하였다. 또한, 사실을 확신시키고 흥미를 높이기 위해 다양한 자료들, 현장 사진들, 삽화, 그리고 극화까지 활용하였다. 세계문화의 백과사전 같은 가치를 지녀서 성인들이 학습하기에도 손색이 없다.

청소년들이 머지않아 현재로서 맞이할 미래를 위해 이 책이 의미 있는 길잡이가 되길 바란다.

윤명철 (동국대학교 교수. 역사학자)

＊일러두기

• 맞춤법과 띄어쓰기는 국립국어원에서 펴낸 〈표준국어대사전〉을 기준으로 삼았습니다. 다만, 역사 용어의 표기와 띄어쓰기는 교육과학기술부에서 펴낸 〈교과서 편수 자료〉와 중학교 국사 교과서를 따랐습니다.
• 외국 인명과 지명은 〈외국어 표기 용례집〉을 따랐습니다.
• 〈세계사 이야기〉의 내용이나 체재는 2011년에 새로 나온 초등학교 교과서를 기본으로 하여 편집하였습니다. 맞춤법이나 표기도 최종적으로는 초등학교 교과서에 맞추었습니다.

미국 테네시 주 동쪽에 있는 노리스 수력 발전 댐

우리 땅 넓은 땅
세계사 이야기 29

냉전 시대와 급변하는 사회

펴 낸 이 : 이재홍
펴 낸 곳 : 도서출판 세종
등록번호 : 제18-79호
대표전화 : 02)851-6149. 866-2003
F A X : 02)856-1400
주　　소 : 경기도 광명시 가학동 786-4호
공 급 처 : 한국가우스 ｜ 등록번호 제18-147호
고객상담전화 : 080-320-2003
웹사이트 : WWW.koreagauss.com

※잘못 만들어진 책은 교환해 드립니다.

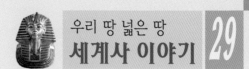

냉전 시대와 급변하는 사회

글 한국역사교육연구회 ■ 추천 파랑새 열린학교 · 한국역사사관학교
감수 윤명철 (동국대학교 교수 · 역사학자)

한국가우스

역사를 올바로 보는 눈

세계의 역사는 우리 인류가 걸어온 발자취입니다.

어제 일어난 여러 사실들은 역사가의 평가와 시각에 의하여 역사적 사실로 재발견되고, 그 의미가 새롭게 밝혀져 역사로 기록됩니다.

이것을 통하여 오늘의 우리는 어제의 역사와 만나게 되고 우리가 살지 않았던 어제를 생생하게 체험하며, 그 올바른 의미를 물려받게 됩니다.

역사는 오늘의 삶을 비추어 주는 거울이며 내일을 바라볼 수 있는 창이기도 합니다.

때문에, 역사 서술은 치우침이 없고 엄격해야 합니다.

우리는 그러한 역사를 공부함으로써 우리 자신과 오늘의 현실을 객관적으로 바라보고, 또 비판할 수 있는 힘을 기르게 됩니다. 역사를 배우는 중요한 목표는 자신을 스스로 깨닫게 하는 데에 있다고 합니다.

한편, 역사는 단순한 어제가 아니라 살아 있는 어제여야 한다고 말합니다. 이것은, 역사가 단순히 어제의 사실을 알려 주는 것만이 아니고 오늘의 우리에게 교훈이 되고, 오늘의 문제를 해결할 수 있는 슬기가 되어야 한다는 뜻을 담고 있습니다.

이는 곧 우리가 왜 역사를 배워야 하는지를 말하는 것이기도 합니다. 한국인으로서의 정체성과 함께 다른 문화와 국가에 대한 이해가 있어야만 이 지구촌의 시대를 살아갈 수 있기 때문에 특히 세계사는 중요합니다.

한국인으로서 정체성은 한국사뿐만 아니라 세계사를 함께 배울 때 온전히 형성될 수 있습니다.

우리 어린이는 이러한 역사 인식으로 세계사를 사랑할 뿐 아니라, 인류의 번영, 그리고 새로운 세계의 건설에 이바지하는 '올바른 역사관'을 가진 세계인이 되도록 힘써야 할 것입니다.

한국역사교육연구회

오스트리아 빈의 유엔 빌딩

우리 땅 넓은 땅

세계사 이야기

29

차 례

1 전후의 국제 질서 재편과 국제 연합

세계 평화와 국제 협력의 중요성은 제2차 세계 대전 중 대서양 헌장에서 구체화하였고, 덤버턴 오크스 회의에서 국제 연합 헌장 초안이 작성되었습니다.

이듬해 6월, 샌프란시스코 회의에서 헌장이 채택되었고, 이어 51개 가맹국에 의하여 국제 연합이 발족하였습니다.

국제 연합은 국제 연맹을 계승한 것이나, 국제 연맹의 실패를 감안하여 거부권을 행사할 수 있는 상임 이사국을 중심으로 한 안전 보장 이사회에 국제 평화를 위협하는 국가에 대한 무력 제재를 할 수 있는 권한이 부여되었습니다.

제2차 세계 대전 후 패전국에 대한 처리는 포츠담 회담에서 구체화하였으나, 미국과 소련의 견해 차이로 개별적인 강화 조약이 이루어졌습니다.

미국 뉴욕 맨하튼 국제 연합 본부

국제 연합의 탄생

*제2차 세계 대전
세계 경제 공황 후, 파시즘 체제를 확립한 독일, 이탈리아, 일본 등과 연합국 사이에 일어난 세계적 규모의 전쟁이다.

'정말 무섭다! 세계 대전이 한 번만 더 일어났다가는 온 인류가 멸망하겠어.'

제2차 세계 대전*이 끝난 뒤, 사람들은 전쟁의 비참함에 몸서리를 쳤습니다. 더욱이 일본에 떨어진 원자 폭탄의 무서운 위력을 보고, 장차 전쟁이 일어난다면 '핵전쟁'이 될 것이라고 예언하기도 하였습니다.

미국의 수도 워싱턴의 전경

아울러 강대국들은 '인류의 평화'가 얼마나 중요한가를 뼈저리게 느꼈습니다.

"세계 평화를 위한 국제단체를 만듭시다!"

그리하여 대전이 종결되기 전인 1944년 8월, 미국, 소련, 영국, 중국의 4개국 대표가 워싱턴 교외의 덤버턴 오크스 저택에 모여 덤바턴 오크스 회의*를 열고, 국제 연합 헌장의 초안을 작성하였습니다.

*덤바턴 오크스 회의
1944년 8~10월에 워싱턴 교외의 덤버턴 오크스 저택에서 열린 국제 예비 회의이다.
미, 영, 소, 중 4국이 참가하여 국제 연합 헌장의 원안을 작성하였다. 새 기구의 명칭인 국제 연합도 이 회의에서 정하였다.

미국의 백악관

덤바턴 오크스 회의

전쟁으로 입은 상처는 대체 누가 보상해 줄 것인가!

이렇게 하여 1945년 4월, 미국의 샌프란시스코에서 51개국의 대표가 모여 정식으로 새로운 평화 기구를 만들었습니다. 이 기구는 '유엔', 즉 '국제 연합'이라고 이름 붙였으며, 6월 26일에는 '유엔 헌장'이 선포되고, 10월 24일에 유엔은 그 역사적인 첫발을 내딛게 되었습니다.

미국의 26대 대통령 시어도어 루즈벨트

루스벨트는 이 회담에서 새로운 평화 기구를 세우자는 의견을 내놓았습니다.

"지난 세계 대전이 끝난 후에 국제 연맹을 만든 바 있소. 그런데 이렇게 또다시 전쟁이 터졌으니 국제 연맹이 그다지 국제 평화에는 도움이 되지 않는 것 같소."

"국제 연맹의 가장 큰 약점은 분쟁이 생겼을 때 맞서서 대응할 힘이 없었다는 것이오."

"우리도 같은 생각입니다. 두 번의 실패를 거울로 삼아 인류 전체를 멸망시킬 수도 있는 제3차 대전만은 반드시 막아야 하겠습니다."

미국 샌프란시스코 시청

제1차 세계 대전 후에 창설되었던 국제 연맹도 처음에는 높은 이상을 갖고 출발하였지만, 강대국 간의 전쟁을 막지 못하고, 마침내 두 번째 세계 대전이 일어났던 것입니다.

이에 국제 연합에서는 그와 같은 실패를 거듭하지 않기 위해 강력한 권한을 가진 안전 보장 이사회를 두었습니다.

국제 연합은 '안전 보장 이사회', '경제 사회 이사회', '신탁 통치 이사회', '국제 사법 재판소', '사무국' 등으로 구성되었습니다.

국제 사법 재판소

국제 연합의 주요 기관의 하나인 유일한 사법 기관이다. 안전 보장 이사회의 추천을 거쳐 총회가 임명하는 임기 9년의 판사 15명으로 구성된다.

판사 전원의 출석으로 개정하며 정족수는 9명이고, 3년마다 5명씩 개선된다. 모든 문제는 출석 판사의 과반수 찬성으로 결정하며 판결은 최종적인 것으로 상소는 인정되지 않는다. 주로 법적인 국제 분쟁을 재판하며, 또 총회와 안전 보장 이사회, 기타 국제기구의 자문에 응하여 권고적 의견을 제공한다.

국제 사법 재판소는 헌장, 국제 법규, 조약에 관한 자문과 국가 간의 분쟁을 처리하며 그 판결은 구속력을 가진다.

국제 사법 재판소는 네덜란드의 헤이그에 있다.

국제 연합의 유일한 사법 기관인 국제 사법 재판소

그리고 가장 중요한 안전 보장 이사회의 상임 이사국으로는 미국, 영국, 프랑스, 소련과 중국이 뽑혔습니다.

경제 사회 이사회의 회의 광경

국제 평화에 대한 문제를 토론하는 안전 보장 이사회에서는 이 5개국이 거부권을 행사할 수 있도록 인정하였습니다. 만일 5개국 가운데 한 나라라도 반대하면, 의사는 가결될 수 없는 구조로 되어 있습니다.

🔔 골든벨 상식

안전 보장 이사회

국제 연합 주요 기구의 하나로 '국제 연합 안전 보장 이사회'의 약칭이다. 국제 평화와 안전을 유지하기 위하여 필요한 행동을 취할 책임과 권한을 가진다.

구성은 상임 이사국 5개국(미국, 영국, 러시아, 중국, 프랑스)과 총회에서 선출하는 비상임 이사국 10개국의 15개 이사국으로 이루어져 있다.

국제 연합의 주요 기구인 안전 보장 이사회

이것은 강대국의 주장을 다수결로 묵살시켜 버리면 그 나라가 국제 연합을 탈퇴하게 되고, 그렇게 되면 오히려 국제 평화가 깨질 우려가 있기 때문입니다.

그리고 국제 분쟁이나 침략 행위가 발생하였을 때에는 국제 연합군(유엔군)을 조직하여 무력을 행사할 수 있는 제도적 장치도 마련하였습니다.

국제 연합에는 세계의 강대국이 모두 참가하였습니다.

이것은 미국이 국제 연맹에 참가하지 않고, 소련도 훨씬 늦게 참가하였던 것과는 양상이 크게 달랐습니다.

임무 수행중인 요원들

미국 뉴욕에 있는 국제 연합 총회

18

이처럼 모든 강대국이 국제 연합이라는 국제 조직에 참가함에 따라 전쟁이 일어날 위험은 줄어들었습니다.

한 걸음 더!

국제 연합의 원칙

국제 연합 헌장 제2조는 국제 연합과 그 가맹국이 국제 연합의 목적을 달성하기 위하여 다음의 원칙에 따라 행동하도록 규정하고 있다.

① 모든 가맹국의 주권 평등의 원칙에 기초를 둔다.

② 국제 연합 헌장에 기한 의무를 충실하게 지킨다.

③ 국제 분쟁을 평화적인 수단으로 해결하여야 한다.

④ 타국의 영토와 독립에 대하여 무력을 사용하지 않는다.

⑤ 국제 연합이 국제 연합 헌장에 기하여 취하는 행동에 대하여 모든 가맹국은 원조와 협력을 하여야 한다.

⑥ 가맹국 이외 국가에 대해서도 국제 연합은 협력을 구하도록 노력한다.

⑦ 가맹국의 국내 문제에 간섭해서는 안 된다.

미국 뉴욕 맨해튼 국제 연합 본부

얄타 회담과 포츠담 선언

이는 국가 사이의 이해관계에서 비롯되는 모든 분쟁이 대다수 국가의 조정에 의해 해결되고, 특히 강대국 간의 보조는 분쟁을 해결하는 데 더욱 강력한 뒷받침이 될 수 있기 때문입니다.

한편, 제2차 세계 대전의 전쟁 뒤처리는 다음과 같이 하기로 하였습니다. 즉, 패전국인 독일과 일본은 연합군이 점령하여 관리하였습니다.

얄타 회담

1945년 2월 4일~11일까지 8일간에 걸쳐 소련의 얄타에서 미국, 영국, 소련의 3국 수뇌가 한 회의이다. 전쟁 종결 및 전후 처리, 국제 안전 보장 기관의 창설에 관한 사항 등에 대하여 협정을 맺었다.

얄타 회담의 세 거두(왼쪽부터 처칠, 루스벨트, 스탈린)

이탈리아는 일찌감치 항복하고 새로운 정부를 구성하여 연합군 측에 참가하였으므로, 여기에서 제외되었습니다.

얄타 협정과 포츠담 선언에 따라 독일은 미국, 영국, 프랑스, 소련 등 4개국이 분할 관리하고, 일본은 주로 미국이 관리하게 되었습니다.

포츠담 선언

제2차 세계 대전의 막바지인 1945년 7월, 독일의 포츠담에서 3개국(미국, 영국, 중국) 대표가 일본에 대하여 전쟁 종결의 기회를 주고 무조건 항복을 요구한 선언이다. 일본에 대해 전쟁 종결을 촉구하고 조건의 제시에 앞서 일본 국토의 완전한 괴멸을 가져올 군사력을 최고도로 사용할 것을 준비하고 있다는 취지를 선언했다.

일본은 처음에 이 선언을 받아들이지 않고 결사 항전을 다짐했다. 그러나 히로시마와 나가사키에 원자 폭탄이 투하되자 1945년 8월 15일에 무조건 항복하였다.

일본에 대하여 항복을 권고한 포츠담 회담

*파리 강화 회의
1919년 제1차 세계 대전 종결을 위해 전승국들이 프랑스 파리에서 개최한 강화 회의이다. 미국, 영국, 프랑스의 3국이 주도권을 장악하고, 독일과 베르사유 조약을 조인하였다.

연합국은 우선 군대의 해체와 전범자의 재판, 그리고 나치즘이나 군국주의 세력을 소멸시키는 데 정책의 중점을 두었습니다.

전후에는 교전국 간에 곧바로 강화 조약을 체결하는 것이 원칙이었지만, 제2차 세계 대전 이후에는 전승국인 연합국들 사이에 이해가 엇갈려 조약 체결이 지연되었습니다.

1947년에 개최된 파리 강화 회의*에서는 독일 편이었던 이탈리아, 헝가리, 루마니아, 불가리아, 핀란드 등의 5개국과의 강화 조약만 체결되었습니다.

 골든벨 상식

뉘른베르크 국제 군사 재판

제2차 세계 대전 후 나치스 독일 지도자들의 범죄 행위를 다루기 위해 실시된 재판이다. 1945년 11월에 시작된 공판은 전쟁 지도자 22명에게 '평화에 대한 죄', '전쟁 범죄', '인도에 대한 죄'로 유죄를 선고하였다.

뉘른베르크 국제 군사 재판 광경

미국 뉴욕 맨해튼의 유엔 본부

　일본은 미국 점령하에 있다가, 1951년 샌프란시스코 회의에서 소련을 제외한 대부분의 연합국과 강화 조약을 체결하였습니다.

　오스트리아도 독일과 마찬가지로 미국, 영국, 프랑스, 소련 등 4개국의 관리하에 놓이게 되었습니다. 그러다가 1955년 영세 중립국이 된다는 조건으로 주권을 회복하였습니다.

　그러나 독일은 동서로 갈라져 동독은 소련이, 서독은 미국과 영국, 프랑스가 점령하고, 동독 내의 베를린도 4개국이 관리하였습니다. 그 후 서독에서는 독일 연방 공화국이 수립되고, 동독에는 공산 정권이 들어서게 되었습니다.

2 냉전 체제의 성립과 격화

제2차 세계 대전 후, 세계는 미국을 중심으로 한 자유주의 진영과 소련을 중심으로 한 공산주의 진영으로 나뉘어 대립하는 냉전 시대를 맞게 되었습니다.

그리스에서 반란이 일어나자, 미국은 1947년 트루먼 독트린을 발표하고 또 미국이 유럽에 대한 경제 원조를 약속한 마셜 플랜을 발표하자 소련은 이에 대항하기 위하여 코메콘을 결성하였습니다.

한편, 소련이 베를린 봉쇄를 단행하자, 자유 진영은 북대서양 조약 기구를 결성하여 공산 진영의 도발에 대응하였습니다. 6·25전쟁을 계기로, 미국은 자유주의 세력의 팽창에 힘썼으며, 소련은 북한 및 중국과 자유 우방의 협력 체계에 대항하였습니다.

워싱턴에 있는 한국 전쟁 참전 희생자 기념물

냉전의 시작

한편, 세계 대전의 비극을 겪은 이들은 직접적인 전쟁은 피하고 '냉전'을 벌였습니다.

냉전은 직접 전쟁을 벌이지는 않지만 서로 세력 다툼을 벌이는 것을 말합니다.

냉전으로 세계는 긴장과 대립의 상태가 되었습니다.

자본주의, 전체주의*, 공산주의의 세 세력 중에서 제2차 세계 대전 후 전체주의 세력이 무너짐으로써 세계는 이제 두 세력으로 모였습니다.

소련의 정치가이자 최고사령관 이오시프 스탈린

즉, 자본주의* 국가인 미국과 공산주의 국가인 소련은 세계 최대의 강대국으로 성장하였고, 양 진영의 지도자로 팽팽히 맞서게 되었습니다.

제2차 세계 대전에서 큰 피해를 본 소련은 나라의 안정을 위하여 주변의 유럽 국가들을 짓밟아 공산 위성 국가로 만들어 나갔습니다.

이렇게 하여 폴란드, 체코슬로바키아, 루마니아, 헝가리, 불가리아, 알바니아가 공산주의 정부를 세워서 소련의 들러리 국가가 되었습니다.

*자본주의
봉건제에 이어서 나타난 경제 체제이다.
생산 수단을 소유한 자본가가 이윤 획득을 목적으로 하여, 노동력 밖에는 팔 것이 없는 노동자로부터 노동력을 사 들여 상품 생산 활동을 하는 체제이다.

동유럽의 공산화

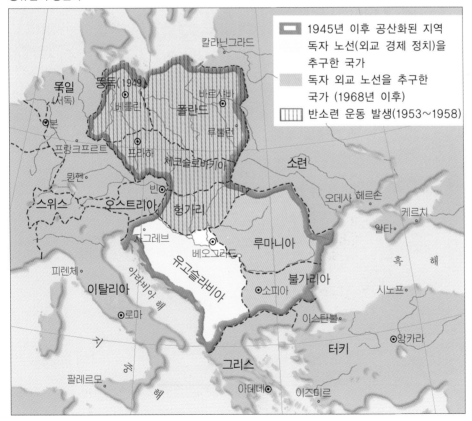

범례:
- 1945년 이후 공산화된 지역
- 독자 노선(외교 경제 정치)을 추구한 국가
- 독자 외교 노선을 추구한 국가 (1968년 이후)
- 반소련 운동 발생(1953~1958)

"이러다가 전 세계가 공산주의로 물드는 것 아냐?"

서방 세계는 소련이 공산주의 세력을 점차 키워나가는 것을 그냥 두고 보지는 않았습니다.

미국의 트루먼 대통령은 소련을 고립시키기 위해 '트루먼 독트린'을 발표하였습니다. 이것은 유럽 여러 나라를 원조하여 공산주의의 위협을 막자는 것이 그 목적이었으며, 1948년부터 시행되었습니다.

한 걸음 더!

트루먼

미국의 제33대 대통령이다. 1945년에 루스벨트 대통령의 사망으로 대통령직을 이어받았으며 1948년에 재선했다. 그가 대통령직에 있을 때 제2차 세계 대전이 끝났다. 그는 유럽 부흥 계획을 강력히 밀고 나가는 한편, 강력한 반소 · 반공 정책을 폈다.

6 · 25 전쟁 때는 공산군을 막는 데 힘썼으며, 후진국 개발 계획에도 앞장섰다.

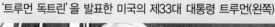
'트루먼 독트린'을 발표한 미국의 제33대 대통령 트루먼(왼쪽)

미국은 트루먼 독트린 이후 공산주의가 퍼지는 것을 막기 위해 전 세계의 문제에 간섭하여 '세계의 경찰' 노릇을 하였습니다. 이로 인해서 미·소의 냉전은 더욱 치열해졌습니다.

'트루먼 독트린'이 발표되자, 이것의 효과를 높이는 새로운 안을 들고 나온 사람이 바로 미국의 군인이자 정치가인 마셜이었습니다.

1947년 7월 5일, 마셜은 연설을 통해 이렇게 주장했습니다.

마셜 플랜을 주장한 마셜

"제1차 세계 대전 때 승전국들이 독일에 엄청난 배상금을 요구함으로써 독일은 또 한 번의 전쟁을 일으켰습니다. 배상금이 바로 비극의 씨앗이었던 것입니다. 우리는 공산주의 세력과 대치 중인 현실을 바로 보아야 합니다. 가난에 허덕이고 있는 유럽에 공산주의 세력이 발을 못 붙이게 하려면 경제 부흥밖에 방법이 없습니다. 경제 지원으로 유럽을 일으켜 세워야 합니다!"

마셜의 조각상

마셜 플랜의 책임자중 한사람인 미국학자 케년

연설하고 있는 히틀러

'유럽의 경제 부흥이 곧 반공의 길'이라는 마셜의 주장에 따라 미국은 영국, 프 랑스, 독일 등 유럽 국가에 4년에 걸쳐 130억 달러를 원조했습니다. 이 원조로 유 럽의 경제는 크게 발전할 수 있었는데, 이것이 바로 '마셜 플랜'입니다.

　한편, 마셜 플랜으로 서방 국가들의 기틀이 다져지자, 소련과 동유럽은 마셜 플 랜이 미국 제국주의의 야심에 의해 수립된 것이라 하여 이를 비난하였습니다.

한 걸음 더!

마셜 플랜

　제2차 세계 대전 이후 유럽은 전쟁의 후 유증으로 심한 몸살을 앓고 있었다. 경제 적으로 거의 파탄 지경에 이르렀으므로, 공산주의가 침투할 수 있는 좋은 기회였 다. 프랑스와 이탈리아에서는 공산당이 유 력한 정당으로 떠올랐고, 영국에서는 공산 당이 이끌고 있는 게릴라가 주변의 인민 민주주의 국가의 도움을 얻어 내란을 일으 켰으며, 터키도 소련으로부터 정치적 압력 을 받고 있었다.

　미국은 이러한 공산주의 세력의 진출을 억제하고, 미국의 상품 시장을 개발하기 위해 유럽에 대한 경제 원조를 결의하였 다. 이 원조 계획은 미국의 국무장관 마셜 에 의해 수립되었으므로, 마셜 계획 또는 마셜 플랜이라고 한다. 이와 같은 미국의 의견에 동조한 영국, 프랑스 등 18개국이 유럽 경제 협력 기구를 결성하였다.

마셜 플랜 포스터

＊코메콘

1949년 소련의 제창으로 유럽 경제 협력 기구에 대항하여 창설된 사회주의 여러 국가의 경제 협력 기구에 대한 서방측의 약칭이다.

이 기구는 동유럽의 정세 격변으로 사실상 해체가 불가피하게 되어 설립 후 42년 만에 해체되었다.

그리고 공산주의 세력을 더욱 강화시키기 위하여, 코민포름을 결성하였습니다.

코민포름의 표면적인 설립 목적은 각국의 공산당이 서로 정보를 교환하기 위한 것이었지만, 실제로는 공산주의 운동을 지도하는 것이었습니다.

여기에는 소련 및 동유럽 공산당 이외에 프랑스와 이탈리아 공산당도 참가하였습니다.

그리고 1948년에는 체코슬로바키아가 공산화됨으로써 그리스를 제외한 모든 동유럽 국가가 소련의 위성국이 되었습니다.

한 걸음 더!

코민포름

'공산당과 노동자당 정보국'의 약칭으로, 1947년 미국의 봉쇄 정책에 대항하여 유럽 9개국의 공산당이 정보 교환과 활동 조정을 도모하기 위해 조직한 기구이다.

1943년 5월에 코민테른이 해산된 후 각국 공산당 간의 결합은 정신적인 유대에 그치고 조직적인 기구는 없었다. 그러나 제2차 세계 대전 후에 동서 양 진영의 형성으로 긴장감이 고조되면서 1947년 9월에 소련을 포함한 9개국이 폴란드의 바르샤바에서 소련 지배하의 국제적 공산당 기구를 결성하였다.

코민테른이 각국 공산당의 상부 기관이었던 점에 비해 코민포름은 소련 공산당과 스탈린에 종속된 기관이었다. 따라서, 코민포름은 유럽에서의 공산당의 명령적 지배권을 강화하고 위성 국가에 대한 소련의 지배권을 강화하기 위한 것이었다.

코민포름의 결성은 소련과 서방 국가와의 제2차 세계 대전 때의 연합 관계에 종말을 고하는 것이었으며, 또한 냉전의 시작을 의미했다.

유고슬라비아의 요구로 1956년에 해체되었다.

그리고 2년 뒤에는 공산 국가들의 상호 경제 협력 기구인 '코메콘'*이 생겨났습니다.

미국은 마셜 플랜으로 유럽의 경제 부흥을 꾀하는 한편, 공산주의 세력이 더 이상 번지지 못하도록 군사 동맹을 맺어 소련과 그 위성 국가들을 둘러쌌습니다.

1949년, 미국과 영국, 프랑스, 네덜란드 등 12개 나라가 맺은 군사 동맹이 바로 '북대서양 조약 기구(나토)'*입니다.

*북대서양 조약 기구
1949년 4월 워싱턴에서 조인된 북대서양 조약에 기반을 둔 군사 동맹이다.
초기에는 미국의 발언권이 무척 강하였다. 1966년 프랑스가 통합군에서 탈퇴하자 총본부를 파리에서 벨기에의 브뤼셀로 이전하였다.

공산권 경제 공동체의 근거지였던 코메콘(본부는 모스크바)

*바르샤바 조약 기구
동유럽 상호 원조 조약 기구이다. 독일 연방 공화국(서독)이 서구 진영의 공동 방위 체제인 북대서양 조약 기구에 가입하자, 이에 대항하기 위하여 8개국(소련, 폴란드, 헝가리, 루마니아, 불가리아, 알바니아, 체코슬로바키아, 동독)이 체결한 군사 동맹이다.
공동 방위, 경제, 문화, 기술 등의 상호 원조를 목적으로 한다.

소련은 이에 맞서서 폴란드, 헝가리 등 위성 국가들을 묶어 '바르샤바 조약 기구'*를 만들었습니다.

이렇게 하여 세계는 서로의 안전을 내세운 군사 동맹인 북대서양 조약 기구와 바르샤바 조약 기구의 두 패로 갈라졌습니다. 유럽의 어떤 나라도 세계 대전 이전의 강대국이 아니었기 때문에 군사 동맹의 주역인 미국과 소련에 크게 얽매이게 되었습니다.

그러나 그 이후 소련 및 동유럽 국가들의 공산주의 체제 붕괴로 북대서양 조약 기구는 많은 변화를 시도하게 되었고, 바르샤바 조약 기구는 해체되기에 이르렀습니다.

헝가리 공산당 대회

베를린 봉쇄와 6 · 25 전쟁

한편, 제2차 세계 대전이 끝나자 독일은 미국, 영국, 프랑스, 소련에 의해 분할, 점령되었습니다. 이에 미국과 소련의 동서 냉전이 더해지면서 그 첫 겨룸은 바로 독일에서 벌어졌습니다.

문제의 발단은 베를린에서 시작되었습니다.

히틀러가 세계의 수도로 꿈꾸었던 베를린은 소련에 점령되었습니다.

 골든벨 상식

히틀러

오스트리아 태생의 독일 정치가이다.

1919년 독일 노동당에 입당하여 1921년 나치스로 이름을 바꾸고 당수가 되었다. 1933년 총리가 되었고, 이듬해에 총통이 되어 독재권을 장악하였다.

반유대주의와 게르만 민족의 우월성을 표방하고, 제2차 세계 대전을 일으켰다. 1945년 4월, 베를린 함락 직전에 자살하였다.

나치스 독일의 독재자인 히틀러

＊베를린

독일의 북동부, 하펠 강과 슈프레 강의 합류점에 있는, 이 나라의 수도이다.

1945년까지 수도였다가, 제2차 세계 대전 후 동과 서로 나뉘어 동부는 동독의 수도가 되고, 서부는 서독에 편입되었다. 1990년 동독과 서독이 통일되면서 다시 수도가 되었다.

그런데 베를린＊은 4개 나라(미국, 영국, 프랑스, 소련)의 통치 기구로 나뉘게 되었고, 점령국의 협의에 따라 베를린은 점차 다시 하나로 합쳐질 예정이었습니다.

그러나 소련은 모든 일에서 세 나라와 의견이 엇갈리다가 결국 1948년에 공동 감시 위원회에서 빠져 버렸습니다.

미국, 영국, 프랑스는 소련과 대화가 끊기자 나름대로 독일과 베를린의 경제 활동을 되살리려고 애썼습니다.

독일 1900년 베를린 젠다르멘 마르크트 광장

마셜 플랜으로 한시름 놓았지 뭐야. 서독 경제가 점점 되살아나서 정말 다행이야.

"마셜 플랜으로 서독의 경제를 되살립시다!"

1948년 6월, 미국, 영국, 프랑스가 점령한 지역에서는 화폐 개혁이 있었고, 이 때문에 독일 경제는 차츰 나아지기 시작했습니다.

서독이 일어서자 미국, 영국, 프랑스가 점령하고 있던 베를린도 일어서게 되어 가게에 점차 상품이 쌓이게 되었고, 배급을 받기 위해 줄을 서지 않아도 되었습니다.

베를린 장벽

독일 베를린 파리저 광장에 있는 브란덴부르크문

베를린 장벽에 있던 검문소

38

한편, 소련의 점령지인 동베를린 사람들은 물자가 풍부한 서베를린으로 몰려들기 시작했습니다. 이렇게 하여, 미국의 엄청난 경제 원조를 받은 지역과 소련 점령 지역의 차이가 더 두드러지게 되었습니다.

6월 24일, 다급해진 소련은 동독*과 베를린에서 서독* 지역으로 이르는 모든 통로를 막아 버리고 전기까지 끊어 버렸습니다. 이제 베를린은 완전히 갇힌 도시가 되어 버렸습니다. 모든 통로가 막혀 버리자 미국은 당황했습니다.

"우리의 점령 지역에 있는 사람들은 어떻게 살라는 것이냐? 모두 굶어 죽으라는 뜻이냐?"

공산 세계의 한복판에 자리 잡은 베를린에 어떻게 물자를 공급해야 할 것인가를 놓고 세계는 다시 베를린의 구제냐 전쟁이냐의 갈림길에 섰습니다.

*동독
제2차 세계 대전 후 소련군에게 점령된 동부 독일 지역에 1949년 수립되었던 공산주의 국가이다.
사회주의 경제의 발전을 목표로 하고 있었다. 수도는 동베를린이었으며, 1990년 서독과 통합되어 독일 연방 공화국이 되었다.

*서독
1949년 9월, 독일의 서부 지역에 수립되었던 연방 공화국으로, 수도는 본이다. 1990년 동독과 통합되어 독일 연방 공화국을 이루었다.

베를린 문제

제2차 세계 대전 후 독일의 동서 분열을 배경으로 일어난 베를린 처리 문제이다. 베를린은 독일의 수도였으나, 제2차 세계 대전 후에는 4개국(미·영·프·소)에 의해서 공동 점령되었다. 그러나 그 후 서방측 3개국과 소련과의 대립이 표면화되면서 베를린에서도 분열이 진행되었다.

1961년 동독 정부가 베를린 경계에 장벽을 구축하게 되자, 베를린을 둘러싼 동서 관계의 긴장은 심각해졌다. 그러나 1989년 동독의 민주화에 힘입어 베를린 장벽은 전면 개방되었고, 1990년 통일 독일이 성립됨으로써 베를린 문제는 20세기에 빚어진 역사적 사실로만 남게 되었다.

독일 헤센주 프랑크푸르트암마인에 있는 뢰머 광장

드디어 미국과 영국은 어려운 결정을 내렸습니다. 즉, 베를린 시민에게 필요한 식량과 물자를 비행기로 실어 나르기로 한 것입니다.

프랑크푸르트와 비스바덴 공군 기지에서는 하루 24시간 밤낮을 가리지 않고 물자를 가득 실은 비행기가 베를린을 향하여 출발하였습니다.

비행기들은 동독의 하늘을 날아서 베를린으로 들어갔습니다. 만약 공산군이 이 비행기를 향해 발포를 하면 전쟁이 시작되는 것입니다.

이렇게 불안을 안은 물자 수송 작전은 1년여 동안이나 계속되었으며, 이 기간 동안 200만 톤의 물자를 베를린에 실어 날랐습니다.

결국, 소련은 베를린 봉쇄를 풀었습니다. 마침내, 최초의 동서 대결에서 소련이 무릎을 꿇은 것입니다. 세계는 비로소 안도의 한숨을 내쉬었습니다.

저것 봐! 구호물자를 실은 비행기들이 또 오고 있어!

아이고! 사람이 죽으라는 법은 없구나. 이젠 살았어!

남북한 간의 경계선인 38선

1950년 6월 25일,

6 · 25 전쟁*이 터졌습니다.

제2차 세계 대전이 끝난 뒤 5년 동안 서로 으르렁거리던 동서의 '냉전'이, '열전'으로 바뀌는 순간이었습니다.

우리나라는 1945년, 일본의 항복으로 38도선을 경계로 북쪽은 소련이, 남쪽은 미국이 점령하고 있었습니다.

태평양으로 나아가려는 소련으로서는 우리나라의 얼지 않는 항구가 해군 기지로써 필요하였고, 태평양과 일본에 소련의 세력이 뻗치지 못하게 하려는 미국에게도 우리나라는 전진 방어 기지의 역할을 하였습니다.

이처럼 미국과 소련의 생각이 달랐으므로, 우리나라에 세워질 통일 정부에 대해서도 의견이 다를 수밖에 없었습니다.

우리나라 국민들이 광복된 나라에서 독립 정부를 만든다는 꿈에 부풀어 있을 때, 소련은 김일성을 내세워 북쪽에 공산당 정부를 세웠습니다.

미국은 한국에 통일 정부를 세우기로 약속해 놓고 마음대로 공산당 정부를 세운 소련을 유엔에 고발했습니다.

국제 연합 총회*는 국제 연합의 감시 아래 남북한 총선거를 실시할 것을 결의했습니다.

> *국제 연합 총회
> 국제 연합의 최고 기관인 총회는 모든 국제 연합 가맹국으로 구성된다. 회의는 연 1회의 정기 총회 외에 가맹국의 과반수 또는 안전 보장 이사회의 요구가 있으면 특별 총회가 소집된다.
> 의결은 1국 1표로, 국가의 대소에 의한 표의 효력에 차이는 없다.
> 총회는 국제 연합의 활동 분야에 속하는 모든 문제에 대하여 심의를 하고 권고를 한다. 때로는 국제 연합군의 사용을 포함한 강력한 조치를 취할 때도 있다.

전쟁 시기의 한국 국민

영국 런던에 있는 초기의 국제 연합 총회 회의장

*맥아더
제2차 세계 대전 중 태평양 지구 연합군 총사령관으로 대일 반격을 지휘하였고, 1945년 일본 항복 이후에는 일본 주재 연합군 최고 사령관을 지냈다.
6 · 25 전쟁이 일어나자 유엔군 총사령관으로서 인천 상륙 작전을 지휘해 공산군을 대패시켰다. 그러나 만주 폭격 문제와 전쟁 처리 문제로 트루먼 대통령과 의견이 대립되어, 1951년에 해임되었다.

*인천 상륙 작전
낙동강 전선까지 후퇴한 한국군과 유엔군은 북한군의 총공세를 저지하고, 반격 작전을 준비하였다. 결국, 유엔군과 한국군은 역사적인 인천 상륙 작전을 감행하였고, 1950년 9월 28일에는 서울을 수복하였다. 인천 상륙 작전은 맥아더 유엔군 총사령관의 직접 지휘로 이루어졌으며, 전세를 역전시켜 공산군을 격퇴시키는 계기가 되었다.

소련과 북한이 유엔의 결의를 거부하자, 결국 남한만이 1948년 이승만을 초대 대통령으로 하는 '대한민국 정부'를 수립했습니다. 그리고 1949년 미국과 소련은 한반도에서 물러났습니다.

1950년 6월 25일, 전쟁이 터지자 유엔 안전 보장 이사회에서는 북한을 침략국으로 규정하고 즉각 군대를 철수할 것을 요구하였습니다. 그러나 북한은 유엔의 요구를 받아들이지 않고 계속 남하하였습니다.

드디어 맥아더* 장군이 이끄는 16개 나라의 유엔군이 참전했습니다. 승리를 거듭하며 낙동강에 이르렀던 북한군은 맥아더 원수의 인천 상륙 작전*으로 후퇴하기 시작했습니다.

1950년 9월 15일 인천 상륙 성공

1951년 1월, 유엔군이 압록강까지 반격하여 한국의 통일을 눈앞에 두었을 때 중공군이

미국의 태평양 지구 총사령관

개입함으로써 전쟁은 다시 지지부진해졌습니다.

이에 미국의 트루먼 대통령은 전쟁이 세계 대전으로 번질 것을 염려하여 원자 폭탄까지 쓸 것을 주장하는 맥아더 원수를 해임하고, 1953년 공산군과 휴전 협정을 맺었습니다.

미국 제33대 대통령 해리 트루먼

6·25 전쟁은 공산주의와 자유주의의 동서 이념의 대립이 낳은 결과이며, 또 한국 국민을 희생양으로 하여 제3차 세계 대전의 비극을 미리 알리는 경고가 되었습니다.

큰 일났어! 중공군이 새까맣게 몰려오고 있어!

하필 통일을 눈앞에 둔 이런 중요한 때에 끼어들다니.

3 중국 공산 정권의 성립과 일본의 부흥

장제스가 이끄는 국민당 정부는 공산당과의 내전 중 일본의 침략을 받고, 항일 전쟁을 전개하던 중, 공산당은 농촌을 중심으로 세력을 확장하면서 국민당에 공세를 취하였습니다.

마오쩌둥은 베이징, 난징, 상하이 등을 점령하고, 중화 인민 공화국을 수립하였습니다. 한편, 국민당 정부는 미국의 지원으로 한때 우세를 보였으나, 지도층의 부정부패로 민심을 잃던 중, 공산당 정권에 밀려 타이완에 망명 정부를 세워 그 명맥을 유지하고 있었습니다.

제2차 세계 대전 후, 일본은 군수 산업의 발달과 수출 증대로 경제가 크게 호전되었고, 민주주의 운동이 일어났습니다.

타이베이에 있는 장제스의 동상

중화 인민 공화국의 성립

제2차 세계 대전이 끝나자, 연합국의 일원으로 싸운 중국은 일본에 빼앗겼던 만주와 타이완을 되찾고, 국제 연합의 상임 이사국이 됨으로써 국제적 위치가 확고해졌습니다.

그러나 전쟁으로 인해 국토는 황폐해졌고, 경제적 손실로 국민은 극심한 고통을 겪어야 했습니다.

이에 장제스와 마오쩌둥은 1945년 10월에 쌍십 협정을 맺고, 1946년 1월에는 각 정당이 동등한 자격을 가지고 참석하는 정치 협상을 개최하여, 민주적인 방법으로 중국을 통일해 가기로 합의하였습니다.

한 걸음 더!

장제스

중국의 정치가이며 중화민국의 총통이다. 저장 성 태생으로, 1909년 일본 육군 사관 학교를 졸업하였다. 1923년에 소련을 시찰하고 귀국하였고, 1926년에 국민 혁명군 총사령관이 되었으며, 1927년 난징 국민 정부를 수립하고 주석이 되었다.

그 후, 중국 공산당과의 10년간의 내전 끝에 중국을 거의 통일하였으나

연설하는 장제스

중국 공산당 세력을 완전히 소탕하기 전에 중·일 전쟁이 일어나, 다시 국공 합작을 하고 일본과 싸웠다. 이윽고 제2차 세계 대전이 끝나자 중국 공산당과 치열한 내전을 벌였으나 패하여, 타이완으로 국민 정부를 옮겼다. 저서로 〈중국의 명운〉이 있다.

그럼에도 불구하고 국민 정부와 공산당 간의 견해가 날카롭게 대립되어 전면적인 국공 내전이 전개되었습니다.

국공 내전이 시작될 당시에는 미국의 지원을 받은 국민 정부가 우세하였으나, 정부 관리들의 부정부패로 인해 민심을 잃게 되었습니다.

마오쩌둥과 함께한 장제스

쑨원과 함께한 장제스

중국 공산당의 지도자인 마오쩌둥

중화 인민 공화국을 선포하는 마오쩌둥

이때, 마오쩌둥이 이끄는 공산당은 토지 개혁을 단행하여 농민들의 지지를 얻어 세력을 확장시키더니, 1949년에는 중화 인민 공화국을 수립하기에 이르렀습니다.

이렇게 하여 탄생한 중화 인민 공화국 정권은 마오쩌둥이 주석의 자리에 오르고, 1950년에 소련과 중·소 우호 동맹 조약을 맺었습니다.

그리고 1953년부터 사회주의 국가를 건설해 나가기 위한 5개년 계획에 착수하여, 농업의 집단화를 꾀하는 등 본격적인 국가 건설의 기초 작업을 수행해 갔습니다.

또한, 국민 정부를 이끌던 장제스는 타이완으로 쫓겨나 정착하게 되었습니다.

일본의 주권 회복과 경제 성장

제2차 세계 대전의 패전국인 일본은 포츠담 선언에 의해 미국을 비롯한 연합국의 공동 관리 체제하에 놓이게 되었습니다.

그리하여 일본은 1946년에 전쟁과 군국주의를 포기하는 새로운 헌법을 제정하고, 민주 국가로서의 새로운 발전을 꾀하게 되었습니다.

일본의 수도인 도쿄의 화려한 야경

그 후 미국은 중국, 북한, 베트남 지역이 공산화되어 그들의 세력이 확산되자, 동아시아의 평화와 안전 보장상의 문제로 일본이 중요하다는 점을 새롭게 인식하여 정책을 전환하기에 이르렀습니다.

그래서 1951년 미국의 주도로 자유 진영의 48개국이 일본과 샌프란시스코 평화 조약을 맺었고, 이에 따라 일본은 7년 만에 연합군의 관리에서 벗어나 주권을 회복하게 되었습니다.

국제 연합 헌장을 채택한 샌프란시스코 회의

샌프란시스코

*태평양 안전 보장
  조약

1951년 샌프란시스
코에서 미국, 오스트레
일리아, 뉴질랜드가 맺
은 상호 방위 조약이
다. 3국의 머리글자를
따서 앤저스(ANZUS)
조약이라고도 한다.

태평양 지역에 대한
공산주의의 침투와 일
본 군국주의의 부활을
서로 협력하여 방지하
려는 목적으로 결성되
었다.

3국의 외상으로 구성
된 이사회가 최고 기관
이며, 이사회의 본부는
워싱턴에 있다.

1956년에 일본은 국제 연합에 가입하였고, 미·일 안전 보장 조약을 체결하여 자유 진영과 보조를 같이하게 되었습니다.

미국은 일본 본토 외에 오키나와에 거대한 군사 기지를 설치해 놓고 있었습니다. 더욱이 우리나라, 필리핀, 타이완 등과도 각각 군사 동맹을 맺었으며, 오스트레일리아, 뉴질랜드와 태평양 안전 보장 조약*을 체결하였습니다.

일본 후쿠시마의 원자력 발전소

샌프란시스코의 거리

근대적 시설을 갖춘 일본의 요코하마 항

　이렇게 하여 미국은 아시아 태평양 지역에서 공산 세력에 대항할 체제를 갖추는 데 총력을 기울였습니다.

　일본은 이와 같은 미국의 핵우산 밑에서 6 · 25 전쟁과 베트남 전쟁으로 경제 부흥의 기회를 잡아, 세계에서 유례 없이 빠른 속도로 경제 성장을 이루었습니다.

4 전후 아시아 각국의 변화

프랑스의 식민지인 인도차이나에서는 독립 운동이 전개되어 제2차 세계 대전 후에 호찌민을 중심으로 공산당 정권인 베트남 민주 공화국이 성립되었습니다.

프랑스가 이를 무력으로 탄압하자, 베트남 민주 공화국은 완전한 독립을 위하여 프랑스에 항거함으로써 베트남 전쟁이 일어났습니다. 또, 네덜란드의 식민지였던 인도네시아는 대전 후 수카르노를 중심으로 민족 운동이 전개되어 독립을 달성하였습니다.

그리고 영국의 지배를 받던 인도는 제2차 세계 대전 후 독립했으나 간디의 국민 회의파와 파키스탄의 분리·독립을 주장하는 진나의 인도 모슬렘 연맹이 대립되어, 결국 파키스탄이 분리·독립하였습니다.

베트남 호찌민 시청

이어지는 독립의 물결

*동남아시아 각국의 독립

• 베트남의 독립과 통일
프랑스로부터 독립→베
트남 전쟁→공산화

• 라오스
프랑스로부터 독립→베
트남의 간섭, 공산화

• 미얀마
영국으로부터 독립

• 말레이시아
영국으로부터 독립, 싱
가포르 분리 · 독립

• 필리핀
에스파냐, 일본, 미국의
지배로부터 독립→마르
코스의 독재→아키노
정권 수립

한편, 미국, 영국, 프랑스, 네덜란드의 식민지였던 동남아시아는 제2차 세계 대전 중에 대부분 일본의 점령하에 들어갔습니다.

그러나 제2차 세계 대전이 끝난 후, 열강이 원상회복을 요구하고, 새로이 공산주의가 대두하면서 독립운동에 영향을 끼침에 따라 점차 독립하는 나라가 늘어 갔습니다.

사이공 시의 해방군

미얀마 옛 수도 양곤의
쉐다곤 파고다

인도네시아는 대전의 종결과 함께 독립을 선언하고, 네덜란드와의 독립 전쟁 끝에 마침내 1949년에 독립을 쟁취하였습니다.

그 이듬해인 1950년에는 인도네시아 연방 공화국을 수립하고, 수카르노가 대통령 자리에 올랐습니다.

말레이시아는 1957년에 영국 연방의 자치령으로서 독립하였고, 1963년에는 싱가포르 및 보르네오의 사바, 사라와크 등을 통합하여 말레이시아 연방을 이룩하였습니다.

수카르노

인도네시아의 정치가이다. 1927년에 인도네시아 국민당 당수가 되었고, 네덜란드의 지배에서 벗어나려는 독립운동을 펼쳤다.

1932년에는 인도네시아당에 입당하였고, 제2차 세계 대전 중에는 일본군에게 협력하였으나, 전쟁이 끝나자 독립을 선언하고 네덜란드에 복귀를 거부하였다.

무력 항쟁을 지도한 끝에 1949년에 독립을 이룩하여 공화국의 초대 대통령이 되었다.

인도네시아의 초대 대통령 수카르노

＊마르코스

필리핀의 정치가로, 1949년 자유당 하원 의원으로 정계에 발을 들여놓은 후 자유당 총재, 상원 의원을 거쳐 1965년 대통령이 되었다.

1972년 이후의 계엄령, 특히 아키노 의원의 암살 사건으로 인하여 국민의 신임을 잃고 끝내는 미국 하와이로 망명하였다.

그러나 1965년 화교(중국계 주민)가 많이 사는 싱가포르는 말레이시아인과 민족적 갈등이 심하였으므로, 말레이시아로부터 떨어져 나와 분리 · 독립하였습니다.

필리핀은 1946년에 미국으로부터 평화적으로 독립하였는데, 그 후 공산 게릴라와 이슬람교도들의 분리 운동으로 정치적 불안이 계속되었습니다.

그 후 1965년 마르코스＊가 정권을 장악하여 그의 장기 독재가 시작되었습니다.

아시아 여러 나라의 독립

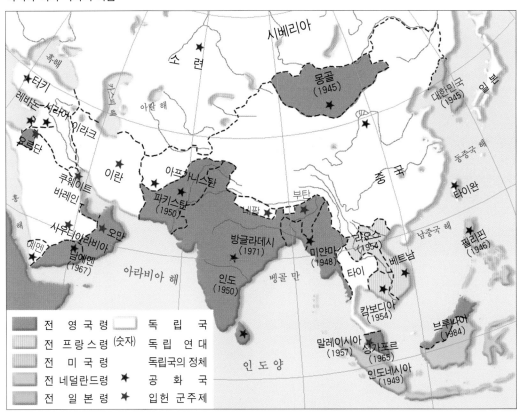

미얀마는 1948년에 영국 연방에서 분리되어 나와 미얀마 연방으로 독립하고, 사회주의를 표방하면서 중립 외교를 펼치고 있었습니다.

프랑스령이던 인도차이나는 제2차 세계 대전 중에 일본군에게 점령되었습니다. 이때, 호찌민이 이끄는 공산주의 세력은 북부 베트남에서 베트남 독립 연맹을 조직하고, 무력 저항을 계속하였습니다.

그리고 대전 후인 1945년에는 베트남 민주 공화국을 세우고, 호찌민이 대통령이 되었습니다.

그러나 이 지역을 지배하였던 프랑스가 베트남 민주 공화국 독립을 인정하지 않자, 인도차이나 전쟁이 일어났습니다.

 골든벨 상식

호찌민

베트남 민주 공화국의 초대 대통령이다. 프랑스, 러시아, 중국 등지에서 활약하면서 베트남 민족 해방 운동의 지도자로 반 프랑스 운동에 참가하였다.

1929년에 베트남 공산당을 창립하였으며, 1941년에는 베트남 독립 동맹(베트민)을 조직, 독립 전쟁을 지도하였다.

베트남의 독립 지도자인 호찌민

*인도차이나 전쟁
  옛 프랑스령 인도차이나의 독립을 둘러싸고 베트남 민주 공화국 군대와 프랑스 군대 사이에서 일어난 전쟁이다. 1954년 7월 제네바에서 체결한 휴전 협정에 의해 일단락되었다.

  *제네바 회의
  미국, 영국, 프랑스, 소련, 중국과 인도차이나 제국이 참가한 국제 회의이다. 우리나라의 통일과 인도차이나 휴전 문제를 논의하였다.
  인도차이나 전쟁의 휴전 협정이 조인되고 베트남은 북위 17도선에 의해 남북으로 갈라졌으며, 라오스, 캄보디아와 함께 프랑스로부터 독립하였다.

  인도차이나 전쟁*은 8년간이나 계속되었지만 쉽게 결판이 나지 않았습니다.

  인도차이나 지역은 빽빽한 정글 지역으로, 소련과 중국의 지원을 받고 있던 호찌민은 게릴라 전술로 프랑스군을 괴롭혔습니다.

  프랑스군은 결국 디엔비엔푸에서 패배하여 베트남에서 손을 떼게 되었고, 1954년 제네바 회의*에 따라 북위 17도선을 경계로 베트남은 남북으로 갈라졌습니다.

라오스의 수도 비엔티안

베트남 민주 공화국 군대

그 결과 남쪽에는 자유 베트남(월남)이 세워지고, 북쪽에는 공산 베트남(월맹)이 들어서게 되었습니다. 그러나 베트남은 북쪽의 공산 게릴라(베트콩)의 활동으로 위태로운 상황에 처하게 되었습니다.

그래서 우리나라를 비롯한 필리핀, 타이, 오스트레일리아, 뉴질랜드 등의 자유 우방 국가들이 베트남의 공산화를 막기 위해 많은 군대와 물자를 원조하였으나, 결국 1975년에 공산화되고 말았습니다.

베트남이 공산화되자, 이웃 나라인 캄보디아와 라오스*에도 공산 세력이 들어서게 되었습니다.

그러나 오랫동안 독립을 지켜 온 타이는 계속 민주주의 체제를 유지하고 있었습니다.

다만, 정치적 불안과 화교의 경제 지배로 크게 발전하지는 못하였습니다.

> **＊라오스**
> 인도차이나 반도의 중앙부에 남북으로 길게 자리 잡은 인민 민주 공화국이다. 1953년 프랑스로부터 독립하였다.

이런 빽빽한 정글의 지리에 어두운 프랑스군이 우리 베트남군을 이길 순 없을 거다.

인도차이나 전쟁 시기의 프랑스 군인

인도의 독립과 분열

*국민 회의파

현재 인도의 보수 정당으로, 1885년에 개최한 국민 회의에 기원을 둔다. 초기의 대영 협조로부터 차츰 민족의식을 강화하여, 제1차 세계 대전 이후 간디와 네루의 지도하에 독립운동을 전개하였다.

1947년 독립 후 인도 연방 정부의 여당으로서 정권을 담당하였다.

*모슬렘

이슬람교 신자를 이른다. 그러므로 인도 모슬렘 연맹은 전 인도의 이슬람교 연맹을 말한다.

*파키스탄

인도 반도의 북서부에 있는 공화국으로, 1947년 영국령 인도에서 분리하여 독립하였다.

주민의 대부분이 이슬람교도이다.

인도의 독립운동은 제2차 세계 대전 중에도 계속되었고, 마침내 1946년 영국 정부로부터 독립을 승인받았습니다.

그러나 인도에서는 통일 인도로 독립하자는 힌두교의 국민 회의파*와, 힌두교와 분리하여 파키스탄을 수립하려는 인도 모슬렘* 연맹 사이에 분쟁이 일어났습니다.

결국 인도는 1947년에 힌두교도가 대부분인 인도 연방과 이슬람교도가 대부분인 파키스탄*으로 나뉘어 독립하였습니다. 그러나 이것은 표면상의 독립에 지나지 않았고, 실제로는 영국 연방 내의 자치령에 속해 있었습니다.

인도 독립의 아버지로 불리던 간디는 인도의 분열을 막으려다가 힌두교도에게 암살되었습니다.

간디의 무덤을 찾은 참배객들

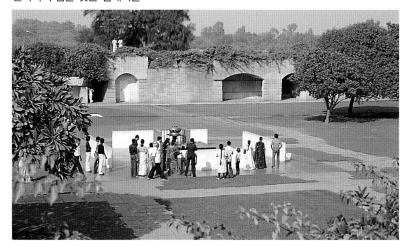

간디 동상

마하트마 간디

힌두교에 방해가 되는 당신이 사라져 줘야겠어.

인도의 독립을 위해 아직도 할 일이 많은데….

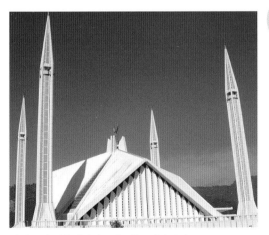

파키스탄 이슬라마바드에 있는 샤파이잘 모스크

*저우언라이

중국의 정치가이다. 젊었을 때 일본, 프랑스 등으로 유학했는데, 파리 유학 중 공산당에 들어갔다.

1924년 귀국 후, 중국 공산당과 장제스가 이끄는 국민 정부를 화합시키기 위해 외교적으로 활약하였다.

1949년 중국 총리 겸 외교부장이 되었으며, 1954년 제네바 회의, 1955년 반둥 회의 등에서 중국 대표로 활약했고, 1972년 미국과 국교를 트는 데도 크게 활약했다.

간디의 뒤를 이은 네루는 카스트 제도를 폐지하고, 경제의 근대화를 위해 산업화를 추진하였습니다.

대외적으로는 중국의 저우언라이*와 함께 평화 5원칙을 제창하여 제3세력의 지도자가 되었습니다.

저우언라이

인도의 산업화를 추진한 네루

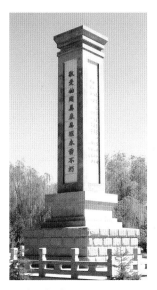

스허쯔에 있는 저우언라이의 기념비

66

한편, 파키스탄은 대전 전에 인도 모슬렘 연맹을 주도하던 진나*를 총독으로 하여 영국의 자치령이 되었다가, 그가 죽은 후 공화국이 되었습니다.

그러나 파키스탄은 인도 연방을 사이에 두고 국토가 동서로 갈라져 있어 행정상 불편한데다가, 두 지역의 인종과 풍습까지 달라서 분쟁을 거듭하던 끝에 1972년에 동파키스탄이 방글라데시로 독립하였습니다.

실론도 대전 후 영국으로부터 독립하였고, 1972년 신헌법에 따라서 스리랑카 공화국으로 나라 이름을 바꾸었습니다.

파키스탄의 지도자 진나

＊인도 독립법
인도와 파키스탄은 1947년 영국 연방 내의 자치령으로 분리·독립했는데, 그 독립의 내용과 방식을 규정한 법률이다.
이 법은 다음과 같은 사항을 규정하고 있다.
① 양쪽 자치령에 영국 국왕이 임명한 총독을 둔다.
② 양쪽 자치령은 입법부의 전권을 가진다.
③ 영국은 통치권을 포기한다.
④ 인도군을 양쪽 자치령에 분할시킨다
그 결과 인도 연방은 헌법의 실시와 더불어 독립 공화국으로 발족하였고, 파키스탄도 이슬람 공화국으로서 신헌법을 제정하였다.

＊진나
인도와 파키스탄의 민족 운동 지도자이다.
1947년에 인도 모슬렘 연맹을 이끌고 파키스탄의 독립을 이루었다.

5 평화를 위한 노력과 제3세력의 움직임

대전 후, 아시아와 아프리카의 많은 나라들은 식민지에서 벗어났으며, 국제 정세에 있어서 미·소 양대 세력에 영입되지 않고 독자적인 노선을 택하여 제3세계의 성립을 보았습니다.

이들은 경제적인 측면에서는 남북문제의 해결을 목표로 하고 있었습니다.

1954년, 인도, 미얀마, 인도네시아, 파키스탄, 실론이 콜롬보 회의에서 미국과 소련의 대립에 관여하지 않는 평화 세력의 구축을 시도하였습니다.

재3세계는 아시아·아프리카 회의에서 반식민주의, 반인종주의를 내걸고 비동맹 중립 노선을 취하였습니다.

인도네시아 자카르타 독립기념관

제네바 극동 평화 회의

인도차이나에서는 북쪽의 공산주의 진영에 속하는 베트남 민주 공화국이 남쪽의 자본주의 진영에 속하는 베트남 공화국 및 프랑스와 전투를 벌이고 있었습니다.

프랑스는 북쪽의 공산주의 세력을 쓰러뜨리고, 베트남을 프랑스의 식민지로 예속시키려고 하였습니다.

1954년 5월에 베트남 공산주의 세력에 의해 프랑스의 마지막 거점이던 디엔비엔푸가 함락되었습니다. 이에 따라 스위스에서 두 나라 사이에 제네바 극동 평화 회의가 열려 휴전 협정이 성립되었습니다.

이 회의에서 두 나라는 2년 후에 총선거를 실시하여 남북 베트남을 통일하기로 합의하였습니다.

그러나 미국의 비협조로 총선거는 실시되지 못하였고, 그 후에도 남북 베트남은 분열과 대립이 계속되었습니다.

이와 같은 세계 정세 속에서 인도의 수상 네루는 평화 수호를 위해 많은 힘을 기울였습니다.

네루 수상은 세계 평화에 대한 높은 이상을 가지고 세계 각국의 대표자들과 함께 활발한 교섭을 벌였습니다.

제네바의 아름다운 풍경

베트남의 수도 하노이에 있는 성 조셉성당

*반둥 회의
아시아와 아프리카의 29개국이 인도네시아의 반둥에 모여 양 대륙의 문제를 논의한 회의이다.
이 회의에서 각 민족의 독립과 평화, 세계 평화의 옹호, 상호 우호 협력을 결의한 반둥 10원칙이 선언되었다.

네루 수상은 중국의 저우언라이 수상과 회담하고, 국제 관계 처리를 위한 평화 5원칙을 발표하였습니다.

평화 5원칙의 내용은, 첫째 영토나 주권을 서로 존중할 것, 둘째 상호 간에 침략하지 않을 것, 셋째 내정을 간섭하지 않을 것, 넷째 호혜 평등, 다섯째 평화를 존중할 것이었습니다. 이 원칙은 여러 나라의 찬성을 얻어, 이듬해에 열린 반둥 회의*에서 채택된 평화 10원칙의 핵심적인 내용이 되었습니다.

아시아 · 아프리카 신생국들이 모여 양 대륙의 문제를 논의한 반둥 회의

반둥 회의와 제네바 회의에 참석한 저우언라이

  그러나 이로부터 8년 후에 인도와 중국 사이에 국경 문제를 둘러싼 분쟁이 일어
났습니다. 이 분쟁은 마침내 무력 충돌로까지 발전하였으며, 이를 계기로 평화 5원
칙의 무력함이 드러나게 되었습니다.

  한편, 제2차 세계 대전 말기에 히로시마와 나가사키에 투하되었던 원자 폭탄은
엄청난 파괴력으로 수많은 인명을 살상했으므로, 이에 대한 반성의 움직임이 일어
났습니다.

＊원자 폭탄
원자핵이 분열할 때에 생기는 에너지를 이용하는 폭탄이다. 주원료는 우라늄 235와 플루토늄 239 등으로, 원자핵에 중성자를 충돌시켜 분열하게 만든다.

그 결과 1946년에 열린 제1회 국제 연합 총회에서는 원자력 위원회를 설립하기로 결정하였습니다.

그러나 핵을 관리하는 방식에 대하여 미국과 소련 사이에 의견이 대립하여 협력이 이루어지지 않고, 오히려 원자 폭탄＊과 수소 폭탄의 실험과 제조를 둘러싼 심각한 경쟁이 계속되었습니다.

이에 따라 점차 핵무기 제조에 대한 금지 요구가 세계적인 운동으로 확산되어 갔으며, 또 한편에서는 핵을 의학, 공업, 농업 등의 평화적인 목적으로 이용하려는 연구가 추진되었습니다.

히로시마의 원폭 돔

일본 규슈 나가사키

또, 1955년에는 제네바에서 핵의 평화적인 이용을 위한 국제회의가 열려, 핵 문제에 대하여 양 진영이 처음으로 협력하는 태도를 보였습니다.

국제 연합의 최고 의결 기관인 총회의 회의 광경

이란의 수도 테헤란 북부의 모습

이란 민족주의 지도자 모하마드 모사데크

제3세력의 움직임

20세기 초에 영국은 이란의 석유 독점권을 획득하여, 그곳에 커다란 정유소를 설치하였습니다.

1951년에 민주주의자인 이란의 모사데크* 수상은 경제 회복을 위해 유전과 석유 산업의 국유화를 꾀하였습니다.

이러한 정책의 하나로 그는 영국 소유의 정유소를 강제로 몰수하고자 하였는데, 영국은 이에 대해 강력하게 반발하였습니다.

영국은 곧 그 보복 조치로 이

이란의 경제를 살리려면 영국에 넘어간 석유 산업을 되찾아와야 한다.

란 정부의 중요한 재원인 유전에서 기름을 뽑아 가고도 그 값을 지급하지 않아, 이란은 극심한 재정난을 겪게 되었으며 국민의 생활도 악화되었습니다.

그 후 팔레비* 왕을 지지하는 군사 쿠데타가 일어나 모사데크 정권이 쓰러졌습니다.

이듬해 영국계와 미국계의 8대 석유 회사가 공동 출자하여 새로운 회사를 만들고, 이란 정부와 협정을 맺음에 따라 분쟁은 해결되었습니다.

이란 국왕으로 팔레비왕조 창설자 리자 샤 팔레비

이란의 수도 테헤란에 있는 아자디 광장

*모사데크

이란의 민족주의 정치가이다. 1917년에는 정치인으로서 법무장관, 1921년에는 재무장관, 1922년에는 아제르바이잔 총독 등을 역임했다.

이란 독립의 추구, 외국이 지배하는 석유 산업에의 도전 등이 모사데크를 국민적 영웅으로 만들었으나, 이란 혁명 후에는 그에 대한 평가가 높지 않다.

*팔레비

이란의 왕으로, 제2차 세계 대전 중 아버지 레자 샤 왕이 영국과 프랑스의 간섭으로 물러나자, 뒤를 이어 왕위에 올랐다.

1951년에 석유를 모두 나라의 재산으로 만들어 영국 세력을 몰아냈으며, 소련을 멀리하고 미국을 가까이하였다.

토지 개혁 등 근대화를 위해 힘썼으나, 국민들이 들고일어나 1979년 외국으로 망명하여 이집트의 카이로에서 병으로 죽었다.

한편, 이집트는 제1차 세계 대전 이후 영국으로부터 독립하였으나, 영국인이 수에즈 운하를 경영하고 있었기 때문에 운하를 방위한다는 구실로 영국군이 주둔하고 있었습니다.

1952년 군사 쿠데타를 일으켜 정권을 획득한 나세르 대통령은, 1956년 아스완 댐을 건설하기 위해 수에즈 운하의 국유화를 선언하였습니다.

골든벨 상식

나세르

이집트의 군인이며 정치가이다. 카이로 육군 사관 학교 및 육군 대학 출신으로 1952년 군부 쿠데타를 지휘하였다. 1954년 이집트 수상이 되었고, 1956년 대통령을 겸임하였다.

대통령이 된 후 곧 수에즈 운하의 국유화를 선언하였다.

1958년 시리아와 합병한 후, '아랍 연합 공화국'을 세워 대통령에 취임하였다.

1961년 시리아와 다시 분리된 뒤에도 계속 대통령직에 머물러 있었고, 아랍 여러 나라에서 지도적인 위치에 있었다.

이집트의 나세르 대통령

이에 이 운하의 많은 이권을 가지고 있던 영국과 운하의 국유화가 아랍 민족 운동에 미칠 효과를 두려워한 프랑스와 이스라엘은 공동 참전을 약속하고, 국제 운하의 안전 보호를 구실로 삼아 이집트를 침공하였습니다. 그러나 이집트 국민의 강력한 저항과 국제 여론의 비난으로 점령은 실패하였습니다.

그리하여 유엔의 중재로 세 나라의 침공군은 철수하고, 수에즈 운하는 이집트의 소유로 확정되었습니다. 또, 이로써 이집트는 완전한 자주독립의 발판을 마련하게 되었습니다.

수에즈 운하

아시아와 아프리카 양 대륙의 경계에 있는 수에즈 지협을 관통하는 운하이다. 이 운하는 19세기 이후 영국, 프랑스 등 유럽 열강국들의 아시아에서의 식민지 경영이 발전하면서, 유럽과 아시아 사이의 신속한 물자 이동과 연락의 필요성이 높아지자 만들어졌다.

1869년 수에즈 운하를 지나는 함선들

6 아프리카 독립과 새로운 국제 정세

대전 후, 민족 자결주의와 국제 평화 운동의 기운이 높아짐에 따라, 아프리카의 피지배 민족의 독립운동이 활발히 전개되었습니다.

북부 아프리카에서 리비아가 독립하였고, 튀니지, 수단, 모로코의 독립에 이어 알제리도 민족 해방 전선을 중심으로 프랑스와 싸워 독립을 쟁취하였습니다.

1960년에는 17개국이 독립하여 '아프리카의 해'를 장식하였고, 상호 협력 체제를 구축하여 아프리카 통일 기구를 조직하였습니다. 그 후 1975년에 앙골라의 모잠비크가 독립하였고, 이어 1980년에 짐바브웨가 독립하였습니다.

짐바브웨 사람들

아프리카 여러 나라의 독립

19세기 말부터 20세기 초에 걸쳐 서유럽 열강의 지배 하에 들어갔던 아프리카는 제2차 세계 대전 이후 식민지 체제가 무너지면서 새로운 독립의 시대를 맞이하게 되었습니다.

제2차 세계 대전이 끝난 시점에서 아프리카의 독립국은 이집트, 에티오피아*, 라이베리아, 남아프리카 공화국뿐이었습니다.

그러나 1951년에는 리비아*가 이탈리아로부터 독립한 데 이어, 1950년대 후반으로 들어서자 북아프리카에 있는 프랑스령인 튀니지, 모로코, 알제리에서 독립운동이 일어났습니다. 튀니지와 모로코는 1956년에 프랑스로부터, 수단도 그해에 영국으로부터 독립하였습니다.

알제리는 1830년 이후로 프랑스의 식민지 지배하에 놓여 있었는데, 지역적으로 중요한 위치에 놓여 있었으므로, 본국 프랑스는 좀처럼 독립을 인정하려고 하지 않았습니다.

제2차 세계 대전 이

*에티오피아
1936년부터 1941년 사이에 이탈리아에 합병되었으나 1942년 독립하였고, 1974년에 제정을 폐지하였다.

*리비아
1951년 이탈리아로부터 왕국으로 독립하였으며, 1961년 공화제가 되었다.
주민은 아랍인이며, 수도는 트리폴리이다.

프랑스가 아무리 무력으로 탄압해도 우리 알제리는 기어코 독립하고 말 것이다.

우리도 튀니지와 모로코처럼 독립할 수 있다!

후 다른 프랑스 식민지는 차례로 독립하였습니다. 프랑스는 알제리인의 무장 독립 투쟁을 강력하게 탄압하였지만, 알제리인의 저항도 매우 거세었습니다.

알제리의 수도 알제의 풍경

리비아 수도 트리폴리에 있는 렙티스마그나 고유적

에티오피아의 수도 아디스아바바에 있는 극장

막대한 전쟁 비용을 낭비한 알제리 문제는 프랑스에 있어서 국가의 중대사였습니다.

그래서 이 문제를 해결하기 위해 프랑스 국민들은 강력한 정부를 구성할 것을 희망하였고, 그 결과 1959년에 드골이 대통령에 취임하였습니다.

그러나 프랑스인의 이러한 노력은 허사로 돌아갔습니다. 탈식민지 민족 독립이라는 세계적 대세를 거스를 수 없었던 드골은, 1962년에 알제리의 독립을 인정하였습니다.

그리고 1960년에는 17개국이 한꺼번에 독립하였기 때문에, 이해를 '아프리카의 해'라고 말하기도 합니다.

한 걸음 더!

드골

프랑스의 군인이며 정치가이다. 1953년에 당을 해체하고 정계에서 은퇴했다가, 1958년 알제리에서 쿠데타가 일어나자 다시 정계에 나타나 6월에 수상이 되었다.

같은 해 10월을 기해 제5공화국이 수립되고, 1959년 1월 대통령에 취임하였다.

1962년에 알제리 독립을 인정하는 에비앙 협정을 국민 투표에 부쳐 가결시킴으로써, 약 7년에 걸친 알제리 전쟁을 평화적으로 해결하였다.

1968년의 이른바 5월 혁명으로 말미암아 드골 집권 체제가 근본적으로 흔들리기 시작하였고, 1969년에 실시한 국민 투표에서 패하여 대통령직을 사임하였다.

연설하는 드골

이로써, 국제 연합 내부에서 아시아와 아프리카 국가들은 매우 강력한 발언권을 얻게 되었습니다.

아프리카 여러 나라의 독립

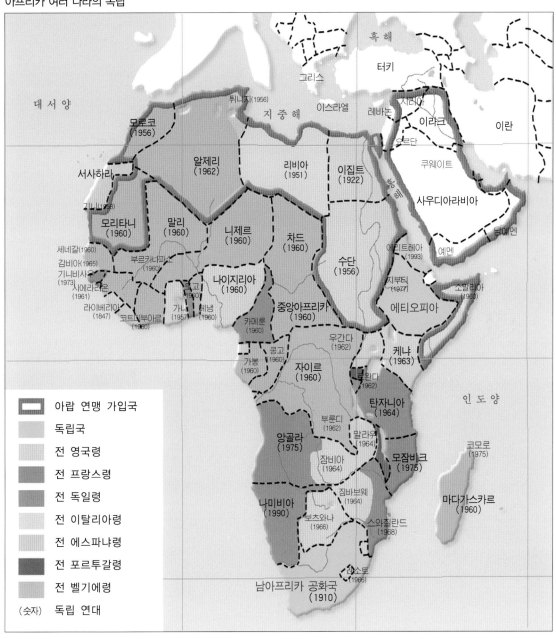

아랍 연맹 가입국
독립국
전 영국령
전 프랑스령
전 독일령
전 이탈리아령
전 에스파냐령
전 포르투갈령
전 벨기에령
(숫자) 독립 연대

대 서 양

흑 해
그리스   터키
튀니지(1956)   시리아
지 중 해   레바논   이라크   이란
이스라엘
요르단   쿠웨이트
모로코
(1956)
알제리   리비아   이집트   사우디아라비아
(1962)   (1951)   (1922)
서사하라   남예멘
기니(1958)   예멘
모리타니   말리   니제르   차드   수단   에리트레아
(1960)   (1960)   (1960)   (1960)   (1956)   (1993)
세네갈(1960)   지부티
감비아(1965)   부르키나파소   에티오피아   (1977)   소말리아
기니비사우   (1960)   나이지리아   중앙아프리카   (1960)
(1973)   토고   (1960)   (1960)
시에라리온   (1960)   카메룬   우간다   케냐
(1961)   가나   베냉   (1960)   (1962)   (1963)
라이베리아   (1957)   (1960)   콩고   인 도 양
(1847)   코트디부아르   가봉   (1960)   르완다
(1960)   (1960)   자이르   (1962)
(1960)   탄자니아
부룬디   (1964)
(1962)   말라위
앙골라   (1964)   모잠비크   코모로
(1975)   잠비아   (1975)   (1975)
(1964)
나미비아   짐바브웨   마다가스카르
(1990)   (1964)   (1960)
보츠와나   스와질란드
(1966)   (1968)
레소토
(1966)
남아프리카 공화국
(1910)

대한민국 초대 대통령 이승만

새로운 국제 정세의 흐름

중국은 국내에서의 사회주의 사회의 건설을 활발하게 추진하는 한편, 국제 연합의 가입도 적극적으로 추진하였습니다. 중국은 공산권 국가들에 대한 종주권과 중·소 국경 분쟁 등의 문제를 둘러싸고 소련과 충돌하였습니다.

더욱이, 중국은 인도와도 국경 분쟁을 일으키는 등 국제 분쟁이 잇달아 계속해서 발생하였습니다.

우리나라는 6·25전쟁으로 큰 피해를 입었지만, 전 국민이 합심하여 시련을 극복하였습니다. 그러나 1960년에 이승만 정부의 독재와 부정부패로 4·19혁명이 일어나 이승만 대통령이 물러났습니다.

그리고 장면 정권이 들어서면서 정치적 혼란이 계속되다가, 1961년 5·16 군사 정변에 의해 군사 정권이 성립되었습니다.

5·16 군사 정변으로 들어서게 된 박정희의 제3공화국은 강력한 공업화 정책으로 경제 개발 5개년 계획을 추진하여 놀라운 발전을 이루었습니다.

난 틀렸어. 부디 내 몫까지 민주화를 위해 싸워 주게나.

베트남은 프랑스와 8년 전쟁을 치르고, 1954년 북위 17도선을 경계로 남북으로 분단되었습니다. 그 당시 남쪽에서는 고 딘 디엠 정권이 들어섰는데, 부정과 부패로 베트콩 게릴라 세력이 신장하여 매우 어지러웠습니다.

또, 쿠데타가 끊임없이 반복되는 정치적인 혼란이 계속되어, 정권이 여러 번 교체되었습니다.

이로 인하여 1960년에는 급진적인 민족주의를 이념으로 하는 베트남 민족 해방 전선(베트콩)*이 결성되어, 반정부 게릴라 활동을 본격화하였습니다.

> **＊베트콩**
> 베트남 공산주의자를 뜻하는 말로, 1960년 남베트남에서 미국과 베트남 공화국 정권에 반대하는 세력으로 결성된 통일 전선이다.
> 1975년 4월 사이공 정부를 무너뜨리는 데 성공하였다.

베트남의 혁명가이며 정치가 호찌민 동상

제2차 세계 대전에서 패한 일본은 1951년에 샌프란시스코 평화 조약으로 주권을 회복하였으며, 미국의 원조로 경제 발전의 기틀을 마련하였습니다.

특히, 6·25전쟁으로 발전의 계기를 마련한 일본은 그 후 경제가 급속도로 발전하여 오늘날 경제 대국이 되었습니다.

한편, 쿠바에서는 1959년에 카스트로가 주도한 혁명이 성공하였습니다. 카스트로는 수상이 되어, 사회주의의 채택을 선언하고, 사회주의 국가에 접근하여 경제 원조를 받았습니다.

그러나 자유 민주주의를 지향하는 미국에게 있어서는 인접 국가인 쿠바가 사회주의 국가로 바뀐 것은 커다란 위협이 아닐 수 없었습니다.

그리하여 소련이 1962년 10월에 쿠바에 중거리 미사일 기지를 만들었을 때, 미국의 케네디 대통령은 이를 막기 위해 함대를 출동시켜 쿠바를 봉쇄하였습니다.

소련과 미국은 똑같이 전쟁 준비 체제에 돌입하였으므로, 금방이라도 전쟁이 일어날 것만 같았습니다.

한 걸음 더!

카스트로

쿠바의 정치가이며 수상이다. 아바나 대학에서 법률을 공부했다. 학생 때부터 혁명 운동에 참가하여 한때 옥살이를 하다가 풀려나자 멕시코로 망명하였다.

1956년 다시 쿠바로 돌아와 게릴라전을 전개하여 1959년에 바티스타 정권을 무너뜨리고 수상이 되었다.

토지 개혁, 산업 국유화 등 사회주의 정책을 추진하면서 미국과 자주 충돌하였고 소련과는 가까이 지냈다.

쿠바 혁명의 지도자 카스트로

그러나 결국 소련이 양보하여 미사일을 철수하였기 때문에, 가까스로 전쟁은 피할 수 있었습니다.

한편, 소련은 이보다 5년 전에 대륙간 탄도 미사일의 제조와 시험 발사에 성공하였습니다.

대륙간 탄도 미사일은 소련에서 직접 미국의 한 지역을 공격해서 명중시킬 수 있는, 정밀도가 매우 높은 로켓 무기입니다.

🔔 **골든벨 상식**

케네디

미국의 정치가로 제35대 대통령이다. 1946년 정계에 뛰어들어 하원·상원 의원을 거친 뒤, 1961년 미국 역사상 가장 젊은 대통령이 되었다.

미국의 케네디 대통령

쿠바의 수도 아바나의 거리 풍경

*대륙간 탄도 미사일

장거리 지대지 전략 핵 미사일이다. 1957년에 소련이, 1959년에는 미국이 각각 워싱턴과 모스크바 사이를 1차 목표로 하여 개발하였다.

제2차 전략 무기 제한 협정으로 체결된 조약에서는 미·소 양 대륙의 최단 거리인 5,500킬로미터 이상의 것을 ICBM으로 규정하고 있다.

소련은 그해에 최초의 인공위성 발사에도 성공하였는데, 이것은 무기로 응용될 수도 있었습니다.

그리고 이듬해인 1959년에는 미국도 대륙간 탄도 미사일*을 제조하여 시험 발사에 성공하였습니다.

세계 최초의 인공 위성인 소련의 스푸트니크 1호
(1957년 10월 4일)

1966년 사상 최초로 달에 연착륙한 소련의 달 탐사기 루나 9호

소련이 만든 R–12 미사일

이와 같은 가공할 만한 무기 제조로 인하여 그때까지 마무리되지 않았던 군비 축소 문제를 타결하려는 움직임이 활발하게 전개되기 시작하였습니다.

따라서, 쿠바 위기*는 긴장 완화를 위한 노력이 시급하다는 사실을 양 진영에 일깨워 주는 계기가 되었습니다.

그리하여 1963년 부분적 핵실험 금지 조약이 미·영·소 3국 간에 조인되었습니다.

> *쿠바 위기
> 1962년 쿠바를 둘러싸고 미·소가 격렬하게 대립한 사건이다.
> 쿠바의 소련 미사일 기지 건설에 대하여, 미국은 해상 봉쇄를 단행하였다. 미국의 쿠바 불침공과 소련의 미사일 철거 약속으로 타협이 이루어졌다.

영하 40도에서 훈련 중인 소련의 우주 비행사

＊비키니 환초
태평양 서부 마셜 제도 북서부 랄리크 열도에 있는 환초이다. 미국의 신탁 통치령으로서 1946년부터 1958년까지 원자 폭탄과 수소 폭탄의 실험장이 되었다.

여기에서 '부분적'이란 전제가 붙은 것은 대기권 내에서나 수중에서 하는 핵실험은 금지했지만, 지하 핵실험은 인정하였기 때문입니다.

그러나 중국과 프랑스는 이 부분적인 핵실험 금지 조약에 대하여 반대를 표명했습니다. 그 조약에는 앞으로 핵무기를 개발하고자 하는 국가의 노력을 봉쇄하고, 이미 핵무기를 보유하고 있는 강대국의 우월한 지위를 고정시키려는 의도가 내포되어 있었기 때문입니다.

원자 폭탄과 비키니

비키니는 1950년 무렵 유럽에 보급되기 시작하여 곧 미국으로 전파되면서부터 세계적으로 인기를 얻은 수영복이다. 그러면 이 비키니 스타일이 역사에 등장한 것은 언제부터일까?

1세기 무렵 로마 폼페이 유적 벽화에서 비키니 스타일의 여성들을 볼 수 있다. 그러나 그것은 수영복이 아니라 육상 경기용 체조복이었을 것으로 추측된다.

중세 시대에도 수영은 있었지만, 주로 농민이나 하층 여성에 국한되어 있었고, 속치마를 입고 헤엄쳤다. 그러다가 18세기 중반, 병의 치료법으로 수영이 유행하면서 수영복에도 변화가 일어났다. 짧은 드레스와 팬츠였던 것이 점차 축소화되어 원피스 스타일이 되었다.

비키니 섬에서 행해진 미국의 핵실험

1946년 7월 1일에는 북태평양 마셜 제도의 비키니 섬에서 미국의 핵폭탄 실험이 행해졌다.

그리고 프랑스 파리에서는 전 세계가 깜짝 놀랄 만한 대담한 수영복이 등장했다. 이 옷의 충격적인 인상과 원폭 실험의 충격을 공통점으로 하여 비키니라는 이름이 붙여졌다.

세계사 부록

국제 연합의 성립

대서양 헌장으로 공표된 전후의 평화 기구 구상은 그 후 수정을 거쳐, 1945년 4월부터 시작된 샌프란시스코 회의에서 국제 연합 헌장으로서 채택되었고, 이에 근거하여 본부를 뉴욕에 둔 국제 연합(UN)이 정식으로 성립되었다.

국제 연합의 주된 목적은 세계 평화 유지, 국제 협력, 인권 옹호에 있었는데, 지난날 국제 연맹의 체험을 거울삼아 그 중심 기구인 안전 보장 이사회의 권한이 강화되고, 그 밑에 침략국에 대해 무력행사를 할 수 있는 국제 연합군을 두게 되었다. 다만, 안전 보장 이사회의 결의에는 상임 이사국 만장일치 제도를 채택하였다.

국제 연합 헌장을 채택한 샌프란시스코 회의(1945년)

이 밖에 국제 연합은 국제 협력을 이루기 위해 국제 통화 기금과 유네스코 등 많은 전문 기구가 만들어졌다.

공군 장교복을 입은 처칠

냉전 체제의 성립

제2차 세계 대전 중에 파시즘을 붕괴시키기 위해 협력한 미국과 소련은 대전이 끝나자 초강대국으로 대두하여 대립하게 되었다.

1946년 3월에 처칠 영국 전 수상은 미국을 방문하여, '철의 장막'이 유럽 대륙을 둘로 나누고 있다고 연설하였다. 이는 미·소 사이에 직접 무력 대결을 하지 않는 대립 상태가 시작되었음을 알리는 것이었다.

전후의 독일에서는 미·소의 대립을 배경으로 영국, 미국, 프랑스가 서쪽 절반을, 소련이 동쪽 절반을 점령하게 되었다.

또, 독일의 베를린도 동과 서, 양 진영이 나누어 점령하고, 서방 3국은 그 점령 지구 안에 정부를 세우고 1948년에 통화 개혁을 단행하였다. 이에 반대한 소련은 즉각 서베를린으로의 교통을 차단하고 베를린 봉쇄를 단행하였다.

전후 일본의 변화

제2차 세계 대전의 마지막 패전국이 된 일본은 미국을 중심으로 한 연합국의 공동 관리하에 들어갔다. 일본은 1946년에 미국이 작성해 준 일본국 헌법을 공포하고(평화 헌법), 재벌의 해체와 농지 개혁, 교육 개혁을 이룩하는 등 숱한 민주개혁을 이루었다. 일본은 미국의 원조와 한반도의 6·25 전쟁으로 인한 특수 경기에 힘입어 급속히 재건되어 갔다.

세계 대전 후 아시아에 있어서의 정세 변화 속에서, 아시아의 공산화를 막으려 한 미국은 일본의 역할에 주목하여 일본과의 강화 조약을 체결하였다. 또한, 공산권 각국, 인도와 미얀마를 제외한 48개국과 일본 사이에 평화 조약이 맺어졌다.

미국과 일본 사이에 미·일 안전 보장 조약이 체결되어 일본의 안전과 극동의 평화를 유지하기 위하여 미국 군대가 일본에 주둔하고, 필요한 기지(시설 및 구역)를 제공받게 되었다. 한편, 1956년 에는 소·일 공동 선언에 의해 소련과의 국교도 회복되어 일본의 국제 연합 가입이 승인되었다.

베트남과 인도네시아의 독립

독립을 선언하는 수카르노

제2차 세계 대전 중 일본군의 점령하에 있던 프랑스령 인도차이나에서 민족 독립운동을 지도하고 있던 공산계의 호찌민이, 1945년 하노이에 베트남 민주 공화국(북베트남)을 수립하였다.

프랑스는 사이공을 수도로 하는 베트남 공화국(남베트남)을 건설하여 대항했지만 대패하였다. 1954년에 체결된 휴전 협정에 남베트남 정부가 선거를 거부하자, 반대파가 남베트남 해방 민족 전선을 결성하고 정부군과의 내전으로 들어갔다.

프랑스를 대신하여 내전에 개입한 미국은 북베트남에 폭격을 개시하였으며 북베트남은 소련과 중국의 지원을 받으면서 끈질기게 저항하였다.

한편, 미국 국내뿐만 아니라 국제적으로도 반전 운동이 고조되어 미국은 1973년에 파리 평화 협정을 맺고 군대를 철수시켰다. 이에 사이공은 공산군에게 함락되었고, 남북은 베트남 사회주의 공화국으로서 통일되었다. 인도네시아는 대전 직후 수카르노의 영도하에 독립을 선포하였다.

1945   국제 연합 산하 기구로 유네스코를 창설함.

독일, 뉘른베르크 군사 재판을 시작함.

프랑스, 드골 내각을 구성함.

1946   영국의 처칠, 소련 비난 연설을 함

('철의 장막'이라는 표현을 사용함).

미국, 비키니 섬에서 원자 폭탄 실험을 함.

이탈리아, 왕정을 폐지하고 공화국 성립을 선포함.

소련의 스탈린, 각료 회의 의장에 취임함.

1947   인도, 독립 후 인도와 파키스탄으로 분리됨.

중국, 중국 공산당 인민 해방군이

국민 정부군에 대해 총반격을 선언함.

인도, 파키스탄, 카슈미르 지방의 귀속을 둘러싸고

인도와 파키스탄 사이의 카슈미르 전쟁이 일어남.

미국, 트루먼 독트린을 발표함.

코민포름(공산당 정보국)을 설치함.

가트(GATT : 관세 및 무역에 관한

일반 협정)를 조인함.

1948   인도의 간디, 델리에서 힌두교도에게 암살당함.

미국, 마셜 플랜을 채택함.

1949   중국의 중국 공산당, 베이징 시에 인민 정부를 수립함.

타이완의 장제스, 국민 정부 총통에서 은퇴함.

중국, 중화 인민 공화국 정부를

수립함(주석 마오쩌둥).

서독, 총리에 아데나워를 선출함.

서유럽, 북대서양 조약에 조인함

(북대서양 조약 기구(NATO)가 탄생함.).

프랑스의 보부아르, 〈제2의 성〉을 지음.

인도네시아, 인도네시아 연방 공화국을

수립함(대통령에 수카르노).

1950   미국의 트루먼 대통령, 6·25 전쟁에

즉각적인 군대 파견을 명령함.

이스라엘, 예루살렘을 수도로 삼음.

뉘른베르크 군사 재판

장제스의 동상

프랑스의 드골 대통령

1951	유엔 안전 보장 이사회, 북한을 6 · 25 전쟁 침략국으로 규정함.
	영국, 보수당이 총선거에서 승리하여 처칠 내각을 구성함.
1952	캄보디아의 시아누크 왕, 내각을 해산하고 전권을 장악함.
	타이완의 장제스, 국민당 7전 대회에서 총재에 재선됨.
	영국, 엘리자베스 2세 왕위 계승함.
	프랑스, 사르트르와 카뮈가 혁명관 논쟁을 벌임.
	나토, 이사회를 개최하여 서독 참가와
	유럽군 창설을 결의함.
1953	필리핀의 막사이사이, 대통령 선거에서 당선됨.
	영국, 엘리자베스 여왕 2세의 대관식을 거행함.
1954	인도의 네루, 중국 저우언라이와 회담을 갖고
	'평화 5원칙'을 확인함.
	이집트, 나세르가 대통령에 취임함.
1955	인도네시아, 반둥에서 아시아 · 아프리카 회의를 개최함.
1956	소련의 흐루시초프, 소련 공산당 제20차 대회에서 스탈린을
	비판하고 집단 지도 체제를 강조함.
1957	소련, 세계 최초 인공위성인
	스푸트니크 1호 발사에 성공함.
1959	워싱턴에서 세계 21개국이
	남극 대륙의 평화적 이용에 관한 남극 조약을 체결함.
1960	미국, 케네디가 대통령에 당선됨.
1961	소련의 가가린 소령, 보스토크 1호로 최초로
	유인 인공위성 비행에 성공함
	(1시간 48분 만에 지구 일주 후 귀환).
	쿠바의 카스트로, 쿠바 사회주의 공화국을 선포함.
1962	쿠바, 소련 원조에 의한 미사일 기지 건설
	문제로 케네디 미국 대통령이 쿠바 해상 봉쇄를 선언함.
1963	미국의 케네디 대통령, 댈러스에서 암살당함.
1964	소련, 흐루시초프를 해임함(브레즈네프가
	당 제1서기에 취임함).
1967	유럽, 유럽 공동체(EC)가 발족함.
	프랑스의 드골, 서방 세계 지도자로는 최초로 폴란드를 방문함.

대관식을 거행한 영국의 엘리자베스 2세

쿠바의 혁명가 카스트로

반둥에서 개최된 아시아 · 아프리카 회의

영국 연방 수뇌들과 함께한 엘리자베스 2세(1924~   )
영국 여왕으로, 1949년 에든버러 공과 결혼, 1952년에 왕
위에 올랐다. 국내에서는 여러 가지 공무를 처리하고 종종
국외로 나가 세계 각국을 방문하여 영국 외교에 많은 역할
을 수행하고 있다.

유럽

아시아

최초의 우주 비행
에 성공한 소련의
가가린

아프리카

인도양

오스트레일리아

인도네시아의
초대 대통령 수카르노

인도의 정치가인 네루(1889~1964년)
인도의 정치가로, 초대·2대·3대 수상을 역임하였다. 영국 케임브리지 대학에서 공부
하고, 귀국 후 변호사가 되었다. 인도 국민 회의파가 지도하는 반영·인도 독립운동에
참가하여 몇 차례나 옥에 갇혔다. 1947년 인도 독립 후 초대 수상이 되어 경제 개발에
힘썼고, 외교적으로는 아시아 여러 나라와의 협력과 미·소에 대한 중립 노선을 택하
였다. 저서로 감옥에서 딸에게 보낸 편지를 엮은 〈세계사 이야기〉가 있다.

북아메리카

태평양

대서양

남아메리카

중화 인민 공화국 수립을 선포하는 마오쩌둥(1893~1976년)
1931년 중화 소비에트 임시 정부를 만들어 그 주석이 되었으나 국민 정부의 공격을 받아 길고 긴 대장정을 하기도 했다. 일본군과의 싸움이 끝나자 다시 국민 정부와 싸워 국민 정부를 타이완으로 밀어내고 중국 본토를 차지한 뒤 공산주의 정권을 수립했다.

마셜 플랜 포스터

케네디 대통령(1917~1963년)
미국의 정치가로, 제35대 대통령이다. 1946년 정계에 뛰어들어 하원·상원 의원을 거친 뒤, 1961년 미국 역사상 가장 젊은 대통령이 되었다. '뉴 프론티어 정책'을 내세워 젊은 지성인들을 기용하는 한편, 국민의 사회 복지와 흑인에 대한 평등한 권리 부여를 위해 노력하였다. 또한, 카리브 해를 봉쇄하여 쿠바로부터 소련 미사일 기지를 철수시키는 데 성공하였다. 1963년에 댈러스에서 자동차 퍼레이드 중 암살되었다.

〈세계사 이야기〉 관련 홈페이지

골말의 역사 교실 http://history.new21.net

공자를 찾아서 http://nagizibe.com.ne.kr

김제훈의 역사가 좋아요 www.historylove.com

대영 박물관 www.thebritishmuseum.ac.uk

독일 정보 www.nobelmann.com

러시아 우주 과학회 www.rssi.ru

루브르 박물관 www.louvre.fr

링컨(백악관) www.whitehouse.gov/history/presidents/al16.html

메트로폴리탄 미술관 www.metmuseum.org

버지니아 대학 도서관 http://etext.virginia.edu/jefferson

사이버 스쿨버스 www.cyberschoolbus.un.org

서양 미술 사학회 www.awah.or.kr

소창 박물관 www. sochang.net

영국의 왕실 공식 사이트 www.royal.gov.uk

유엔(UN) www.un.org

이슬람 소개 www.islamkorea.com

인도의 독립 운동가 간디를 소개하는 사이트 http://mkgandhi.org

정재천의 함께하는 사회 교실 http://yuksa.new21.org

제1차 세계 대전의 원인, 주요 전투, 관련 인물, 연대표 수록

http://firstworldwar.com

주한 독일 문화원 www.gothe.de/seoul

주한 중국 문화원 www.cccseoul.org

주한 프랑스 문화원 www.france.co.kr

중국의 어제와 오늘 www.chinabang.co.kr

차석찬의 역사 창고 http://mtcha.com.ne.kr

한국 서양사 학회 http://www.westernhistory.or.kr

한국 셰익스피어 학회 www.sakorea.or.kr

한국 프랑스 사학회 http://frenchhistory.co.kr